LA PENSÉE NOUVELLE

RENÉ **GODFROY**, Édit[eur]

3, Rue de Provence — **PARIS**

LITTÉRATURE

      SCIENCES

           BEAUX-ARTS

====

LA PENSÉE NOUVELLE

Se donnant pour but de faire connaître au grand public les œuvres jusqu'ici trop peu répandues des orateurs et écrivains socialistes, *La Pensée Nouvelle* offrira à ses lecteurs en un élégant fascicule une édition soignée de tous les discours, de toutes les conférences importantes des grands socialistes tant français qu'étrangers.

Il paraîtra, chaque mois, au moins un fascicule de *La Pensée Nouvelle*.

Le prix de chaque volume est fixé à **50** centimes.

La Pensée Nouvelle est en vente chez tous les libraires et chez l'éditeur René GODFROY, 3, rue de Provence, à Paris.

POUR PARAITRE PROCHAINEMENT :

L'Armée et le Socialisme, par JEAN JAURÈS.

Les Institutions économiques du Parti Ouvrier Belge, par EMILE VANDERVELD.

Poésies socialistes, par EUGÈNE POTTIER.

La Question agricole, par JEAN JAURÈS.

L'INSTRUCTION PUBLIQUE

AU PARLEMENT

I.

DISCOURS prononcé au cours de l'interpellation **THIERRY-CAZES** sur l'attitude du Ministre de l'Instruction Publique à l'égard des membres de l'enseignement public.

Séance de jour du 21 Juin 1894.

Messieurs,

Je formulerai le plus brièvement que je le pourrai la question principale que j'ai à adresser à M. le ministre de l'Instruction publique.

Et à ce propos, permettez-moi une réflexion incidente provoquée par l'attitude d'une partie de la Chambre lorsque mon excellent ami M. Thierry Cazes était à la tribune. Lorsque nous apportons à cette tribune simplement des revendications générales, résumant souvent un très grand nombre de faits particuliers, on nous dit : « Ce sont des phrases, c'est de la déclamation » ; et lorsqu'on vient ici, consciencieusement, apporter des faits précis, constatés, démontrés, vous dites : « Vous vous perdez dans les détails ».

Eh bien ! non, sans nous perdre dans les détails, sans rien retirer des faits précis par lesquels mon excellent ami a démontré, a saisi sur le vif le contraste de votre politique intolérante à l'égard de certains maîtres, et de votre favoritisme complaisant à l'égard de certains autres, je formule devant vous, sous la forme générale, les trois questions suivantes :

Pourquoi et en vertu de quel droit retirez-vous aux membres de l'enseignement public le droit d'adresser des pétitions au Parlement ?

En vertu de quel droit rendez-vous impossible à certains professeurs l'exercice du mandat politique dont ils sont régulièrement investis ?

Et, enfin, quelles sont vos intentions précises à l'égard des maîtres qui, d'abord dans leur classe, dans leur enseignement, à propos d'articles précis des programmes rédigés par vous, font adhésion aux doctrines socialistes ?

Quelles sont vos intentions précises à l'égard de ceux qui, au dehors, se mêlent à ce qu'on appelle le mouvement social ?

Voilà les trois questions très claires que je voudrais poser à M. le ministre de l'Instruction publique, en les justifiant très brièvement.

M. Spuller, votre prédécesseur, monsieur le ministre, a écrit aux professeurs de collège, le 10 février 1894, pour leur signifier que toute pétition, toute réclamation individuelle ou collective adressée par eux à des membres du Parlement constituait une irrégularité, était désormais défendue et prohibée.

Voici un passage de la circulaire ministérielle :

« ... J'ai eu récemment à rappeler, disait M. Spuller, que c'est au ministre seul et par l'entremise des chefs hiérarchiques, que les requêtes et les réclamations individuelles ou collectives doivent être adressées. »

Vous entendez bien, messieurs : « individuelles ou collectives ».

M. Spuller justifiait cette mesure en disant que, d'après la loi, le ministre est seul intermédiaire entre les professeurs et le Parlement.

La doctrine est clairement formulée. Vous me permettrez de dire qu'elle est la négation absolue du droit de pétition pour les citoyens, la négation du droit de contrôle par le Parlement.

Ce n'est pas seulement la négation du droit de pétition pour les professeurs, ce n'est pas seulement la négation du droit de pétition pour tous les fonctionnaires, c'est la négation du droit de pétition pour tous les citoyens, car il n'y a pas un seul citoyen, dans quelque situation qu'il se trouve, qui ne soit protégé dans ses intérêts par une administration publique organisée et constituée : c'est ainsi que, d'après votre doctrine, un justiciable n'aurait pas le droit d'adresser une pétition au Parlement. En effet, il y a des tribunaux de première instance, des cours d'appel, une cour de cassation ; il y a le ministre de la Justice. — Et lorsqu'un homme a été illégalement interné dans un asile d'aliénés, il y a un préfet qui, par des visites régulières, a le moyen de mettre un terme aux abus qui peuvent se commettre !

Qu'a donc voulu le Parlement lorsqu'il a établi pour tous les citoyens, y compris les fonctionnaires, le droit de pétition ? Il a voulu qu'aucune bureaucratie ne pût s'interposer entre les citoyens et la représentation nationale. Vous votez des lois dans leur formule générale, dans les dispositions les plus larges ; mais ces lois ne valent que par l'application pratique qui en est faite par le détail, et ce n'est pas vous qui êtes chargés de l'application de ces lois, car la distinction entre l'exécutif et le législatif vous en empêche. Mais il y a un recours : si les bureaux faussent les lois votées par vous, ceux qui en souffrent peuvent faire appel au souverain ; c'est un droit imprescriptible ; le nier, c'est nier le droit de pétition.

Et puis, quelle sera la conséquence de la doctrine de M. Spuller ? Sous quelle forme, je vous prie, vont se produire les vœux, les plaintes, les réclamations du corps enseignant ? C'est ici que je prierais M. le ministre de préciser sa réponse. Sous quelle forme les professeurs pourront-ils se plaindre d'un déni de justice ?

Est-ce parce que l'université, dans son ensemble, est représentée par le conseil supérieur de l'instruction publique ? Mais vous savez bien que le conseil supérieur ne représente qu'une sorte d'aristocratie universitaire.

Vous me faites un signe de dénégation, monsieur le ministre ; vous savez fort bien cependant que les maîtres répétiteurs ne sont pas représentés le moins du monde dans le conseil supérieur de l'instruction publique, et, en réalité, c'est une anomalie étrange que des hommes que vous considérez comme chargés au premier degré de l'éducation des enfants, plus que le professeur lui-même, c'est une anomalie étrange, dis-je, que ces hommes soient considérés comme une quantité négligeable et ne soient même pas représentés dans le conseil qui transmet au ministre les vœux de tout le corps enseignant.

Les instituteurs ont six représentants dans le sein du conseil supérieur de l'instruction publique, mais ces représentants par qui sont-ils élus ? Par les inspecteurs et les directeurs d'écoles normales, qui sont des hommes très honorables et très compétents, c'est entendu ; mais enfin qui sont précisément les chefs contre lesquels, à l'occasion, le corps des instituteurs peut avoir à formuler quelques réclamations légitimes, et les instituteurs eux-mêmes, même les directeurs de nos grandes écoles, ne sont pas appelés à participer à l'élection ; non seulement ils ne sont pas éligibles, mais ils ne sont même pas électeurs !

De plus, vous savez bien que le conseil supérieur — et c'est ce qui a affaibli sont autorité — n'a pas le droit d'initiative ; il ne peut délibérer, ou plutôt il ne peut donner son avis que sur les matières qui lui sont soumises par le pouvoir central.

Il ne saurait donc être considéré comme l'expression permanente des vœux, des griefs, des besoins du corps enseignant. Et vous allez, d'après la circulaire de M. Spuller, obliger tous les professeurs, tous les instituteurs à ne vous adresser leurs réclamations que par la voie hiérarchique, depuis l'inspecteur primaire et l'inspecteur d'académie, jusqu'au directeur, d'ailleurs très compétent et très honorable, qui siège dans la rue de Grenelle ? Mais vous chargez précisément ceux contre lesquels on peut articuler une application mauvaise ou fausse des lois votées par le Parlement de recueillir et de transmettre les plaintes qui s'élèvent contre eux. Voilà par exemple des instituteurs qui se plaignent, et ils sont nombreux, que la loi votée récemment sur le traitement des instituteurs n'est appliquée ni dans son esprit ni dans sa lettre, et qui chargez-vous de recueillir ces plaintes ? Justement les bureaux de la rue de Grenelle, qui président à l'application de cette loi !

De plus, allez-vous permettre, monsieur le ministre, à ces professeurs dispersés ou à ces instituteurs de se concerter pour donner une expression commune à leurs griefs ? Voilà des instituteurs qui ont à s'adresser au Parlement ; on le leur défend. Ils ne pourront s'adresser qu'au ministre en passant par la hiérarchie, c'est-à-dire par l'inspecteur primaire. Il y aura donc autant de pétitions distinctes que d'inspecteurs primaires ! Ce n'est pas possible.

Les réclamations des instituteurs primaires ne peuvent valoir quelque chose, ne peuvent émouvoir la représentation nationale et l'opinion que si elles ont un certain caractère d'ensemble, que si elles sont concertées et si elles représentent la formule générale des besoins unanimes du corps enseignant.

Allez-vous permettre — et c'est une question très précise que je formule — à vos instituteurs et à vos professeurs — car nous en sommes encore réduits, avec ce régime de circulaires, à dire, en parlant au ministre, « vos instituteurs, vos professeurs », puisqu'ils n'ont pas de recours direct devant le Parlement — allez-vous leur permettre de se concerter entre eux, publiquement et au grand jour, bien entendu, pour faire parvenir par leurs chefs hiérarchiques une formule générale et commune de réclamations et de pétitions ?

Pourquoi chicaner aux membres du corps enseignant le droit de s'adresser directement au Parlement ? Est-ce qu'ils en abusent ? Craignez-vous, de la part de ces professeurs de lycées, qui pèchent actuellement, sachez-le bien, bien plus par excès de prudence et de réserve dans l'expression de leurs griefs, craignez-vous de leur part je ne sais quel esprit de pétulance et d'indiscrétion ? Les empêcherez-vous, d'ailleurs, d'adresser des pétitions à différents membres du Parlement ? C'est une mesure clandestine qui ne serait digne ni d'eux ni de vous.

Pourquoi ne leur permettez-vous pas de s'adresser directement à la représentation nationale, qui fait les lois sous le contrôle desquelles ils sont appelés à vivre ?

Messieurs, il faut s'habituer à ces choses. Il n'y a plus de pouvoir infaillible, il n'y a plus de lois infaillibles ; il n'y a plus, par conséquent, d'administration infaillible.

Les citoyens obéissent aux lois, mais ils ont perpétuellement le droit de les contrôler et de les reviser. Vos fonctionnaires obéiront consciencieusement à leurs devoirs professionnels, à la hiérarchie nécessaire, même si vous leur laissez le droit de saisir la représentation nationale des griefs ou des vœux qu'ils peuvent avoir à formuler.

Mais je me permets de constater que la jurisprudence restrictive et répressive que le ministère de l'Instruction publique a adoptée à l'égard des maîtres, depuis la circulaire de M. Spuller, est une jurisprudence nouvelle. Jusqu'ici, on avait permis aux professeurs d'adresser leurs vœux aux membres du Parlement. Il existait même une grande association qui a rendu de nombreux services, l'association des maîtres répétiteurs, qui s'adressait directement au ministre, et les ministres recevaient ses représentants sans les obliger à passer par toute la filière des principaux, des proviseurs et des surveillants généraux. C'était là une pratique très libérale.

Il y a deux ans encore, M. Buisson, directeur de l'enseignement primaire, écrivait à M. Léon Bourgeois, ministre de l'Instruction publique, tout un beau rapport sur l'utilité des congrès nationaux et internationaux pour les instituteurs.

« Il est bon, disait l'honorable M. Buisson, que les membres du corps enseignant apprennent à formuler eux-mêmes leurs vœux ; il est bon qu'ils sortent de l'attitude passive ; il est bon que toutes les questions qui les intéressent soient agitées et discutées par eux. » Et il ajoutait cette phrase : « Mieux vaut la fièvre que la langueur. » Vous l'avez retournée, cette phrase, et, de peur d'une fièvre qui ne se produirait pas, vous condamnez le corps enseignant à une langueur mortelle.

Savez-vous bien, messieurs, quel est l'enseignement qui doit ressortir pour vous de cette simple constatation ? C'est que la jurisprudence gouvernementale est devenue de plus en plus restrictive et répressive envers l'Université à mesure qu'elle devenait plus restrictive et plus répressive envers les syndicats ouvriers.

Nous disons, nous, qu'il y a là deux forces liées qui préparent l'avenir, qui seront l'avenir : la force du travail et la force du savoir. Nous vous remercions d'avoir établi entre ces deux forces une solidarité évidente, en diminuant d'un même pas les libertés de l'une et les libertés de l'autre.

Et au point de vue des mandats politiques, vous ne voyez donc pas les conséquences graves que va entraîner l'acceptation par la Chambre du fait accompli en ce qui concerne le professeur d'Albi M. Marty ? Comment ! vous souverains, vous législateurs, vous qui avez fait la loi sur les syndicats ouvriers, vous qui appelez tous les ouvriers à être électeurs et éligibles, vous avez tous les jours à défendre la liberté politique des ouvriers investis d'un mandat contre les entreprises arbitraires des compagnies qui renvoient l'ouvrier parce qu'il remplit un mandat politique ; et quelle autorité aurez-vous, vous Gouvernement, pour exiger des compagnies le respect de la liberté politique des ouvriers investis régulièrement d'un mandat si vous êtes le premier, lorsqu'un de vos professeurs, un de vos maîtres est investi d'un mandat, à le briser sans raison professionnelle, pour obéir à un petit despote qui règne là-bas ?

Ah ! Ce n'est pas autre chose. Il y avait un professeur né à Albi, dont toute la famille et tous les amis étaient d'Albi, qui était estimé par tous ses collègues, aimé et respecté par tous ses élèves, qui a contribué à la prospérité du lycée et auquel le ministre de l'instruction publique, M. Spuller, disait il y a trois semaines — je vous affirme l'authenticité de ces paroles — : « Vous êtes noté excellemment. »

Il y a donc un professeur contre lequel aucun grief professionnel ne peut être relevé. Que lui reprochez-vous ? Il a été investi par ses concitoyens du mandat de conseiller municipal ; il l'accomplit avec mesure. Il est arrivé simplement que le conseil municipal d'Albi était coupé en deux fractions opposées, une fraction modérée ou prétendue telle et une fraction radicale socialiste.

Le maire appartenait à la fraction modérée, qui avait une certaine majorité dans le conseil.

Mais il est survenu d'abord des élections législatives dans lesquelles le maire, candidat à la députation a été mis en echec dans les limites de la commune. Puis sont venues, après les persecutions qui ont suivi ce premier échec, les élections complémentaires, la minorité radicale-socialiste ayant démissionné pour faire la population tout entière juge des procedés iniques que l'on employait contre quelques hommes qui avaient le tort de comprendre la République autrement que notre collègue.

A ces élections, c'est cette minorité radicale socialiste qui a été élue avec une majorité notable, pour bien marquer que les sentiments de la population réprouvaient la politique de vexations, de petites tyrannies locales, de petites passions haineuses et persécutrices qu'on employait.

Et comme M. Marty, professeur et conseiller municipal, était dans cette minorité radicale-socialiste un des hommes les plus considérés par la population tout entière, on a cherché toujours et quand même le moyen de le frapper. On ne pouvait pas le frapper comme professeur, à raison de son excellente attitude professionnelle ; alors on a essayé d'obtenir contre lui des condamnations qui obligeraient le ministre de l'instruction publique ou qui lui permettraient de le frapper.

On est d'abord allé en assises. C'est un sénateur, ancien ministre de la marine, qui a eu quelque célébrité ici, qui a traduit M. Marty en cour d'assises, M. Marty s'étant rendu coupable de ce crime monstrueux d'avoir déclaré que l'honorable M. Barbey avait préféré Castres à Albi pour le choix du concours régional.

Oui, on a considéré qu'il y avait là une atteinte à la délicatesse sénatoriale.

La cour d'assises a été saisie et elle a acquitté largement M. Marty.

Ayant échoué devant la cour d'assises, il restait une ressource, les tribunaux correctionnels ; et alors on a poursuivi M. Marty devant le tribunal correctionnel parce qu'il avait qualifié d'accusations odieuses des paroles prononcées la veille par M. le maire dans une cérémonie où il ne devait y avoir que des paroles courtoises.

M. le maire invite tout le conseil municipal à aller recevoir le préfet et à lui souhaiter la bienvenue. Tout le conseil, par esprit de courtoisie et d'hospitalité, se rend — même la minorité radicale et socialiste — à la réception. Le maire profite de cette circonstance où il a seul la parole et où le devoir de courtoisie aurait dû lui conseiller la modération, il profite de cette circonstance pour accabler ses adversaires, pour leur reprocher une insigne mauvaise foi, et, après avoir caractérisé leur politique intérieure pour leur dire à eux, bons Français, qu'ils n'avaient d'autre cri de ralliement, en politique extérieure, que le cri de : Vive l'Allemagne !

Le lendemain, ce professeur qui a pris part à une démarche de courtoisie auprès du pouvoir central, ce professeur atteint dans sa dignité d'homme, dans sa conscience de citoyen, dans sa conscience d'éducateur, qui sait qu'il ne mérite pas l'ignominieux reproche ramassé je ne sais où, dit dans une séance du conseil municipal : « Monsieur le maire, vous avez hier, dans une occasion qui ne comportait pas de pareille polémique, prononcé contre la minorité du conseil municipal et contre la population qui lui a donné sa confiance, des accusations odieuses... »

Voilà le crime, messieurs... il est traduit devant le tribunal correctionnel ; on bâillonne l'avocat qui vient le défendre, on le condamne à 200 francs d'amende pour permettre des mesures de rigueur.

Il fait appel, il vient ici trouver le ministre de l'instruction publique, M. Spuller ; il lui apprend qu'il a fait appel. M. Spuller lui répond : « Je ne savais pas cela, et comme je ne vous avais frappé qu'à cause de votre condamnation, je vais surseoir à la mesure prise jusqu'après l'arrêt. »

M. Marty part sur cette assurance ; il se rend à Albi, il y trouve son successeur installé, et une dépêche qui lui annonçait non pas un sursis dans la décision prise, mais un simple congé. Voilà la vérité !

L'appel suit en effet son cours.

La cour d'appel, ne pouvant pas invalider brutalement le jugement rendu à Albi, l'invalide moralement, en ramenant la peine de 200 à 16 francs, avec application de la loi Béranger, et en spécifiant — c'est sous cette rubrique qu'est classée l'affaire dans la *Gazette des Tribunaux* — que « les provocations d'un magistrat n'excusent pas, qu'elles atténuent simplement le délit qui peut être commis. »

Et alors il faudra que l'Université de France, cette Université qui se dit et qui est nationale, c'est-à-dire qui a pour fonction de tenir les règles de la justice au-dessus des basses compétitions, des basses haines locales, il faudra que par vous, monsieur le ministre, si vous ratifiez la décision prise par votre prédécesseur, cette Université de France soit abaissée, humiliée jusqu'à épouser les plus basses rancunes, les plus misérables passions flétries par la justice du pays.

Et puis, dans notre département même, il y a autre chose ; il y a d'autres faits et également précis ; ils intéressent, ceux-ci, les instituteurs.

Il y a quelques mois, lorsque M. Dupuy, président du conseil, pour la première fois, mais non pour la dernière, est venu à Albi, il a convoqué les instituteurs et il leur a dit : « Ne vous occupez pas de politique ! »

Vous allez voir ce que vos préfets font de vos paroles, maintenant que vous êtes le chef comme ministre de l'intérieur.

Vous leur disiez : Ne vous occupez pas de politique, n'acceptez pas entre l'administration et vous d'intermédiaire politique ou électoral.

Eh bien ! que se passe-t-il depuis deux mois ?

Dans le département du Tarn, à l'occasion des conseils de revision, M. le préfet convoque dans chaque canton tous les instituteurs et il leur trace leurs devoirs politiques et électoraux ; il daigne leur dire que dans le secret de leur conscience ils peuvent penser ce qu'ils veulent — et je ne vois pas comment l'administration la plus subtile pourrait leur retirer ce droit — mais il ajoute :

Si j'apprends que vous ayez formulé une seule opinion qui ne soit pas exactement conforme à la pensée gouvernementale, je vous briserai.

Et quelle est cette pensée gouvernementale ? Ici commence notre embarras.

Il y a des centres ouvriers dans lesquels il s'agit, avant tout, de combattre le socialisme et de faire appel contre lui, au moins par sous-entendus, à toutes les forces hostiles. Là on dit simplement aux instituteurs : Avant tout, gardez-vous de toute pensée et de toute parole socialistes. Puis, dans d'autres cantons, où la question sociale est moins aiguë, où il reste encore quelques républicains qui n'ont pas perdu le souvenir des programmes du passé, on dit aux instituteurs : Il faut vous tenir à distance égale du socialisme d'un côté et du cléricalisme de l'autre.

Enfin, il y a d'autres cantons où se produisent ceux qu'on appelle les ralliés et alors, dans le catéchisme préfectoral, ce sont les idées d'ordre et de paix sociale qui dominent, où on leur dit : Ne combattez pas ceux qui peuvent venir à la République.

Et vous assistez à cette chose singulière et vraiment très intéressante, c'est que pendant que le préfet promène ainsi ce catéchisme électoral et politique, le ministère Casimir-Perier est dans toute sa force. Alors, ce sont surtout les idées d'autorité qui dominent dans le catéchisme préfectoral. Puis est venue la chute que vous savez.

Il y a eu un interrègne ; on a pu croire un instant que le pouvoir allait passer aux mains de quelques chefs radicaux ; il y eut alors un peu de flottement dans le catéchisme du préfet.

Je demande à M. le président du conseil, ministre de l'intérieur, si les instructions qu'il donnait il y a un an à ses instituteurs ont été bien comprises par MM. les préfets, et je lui demande lequel, de M. Marty, qu'on congédie, ou du préfet qu'on garde, a le plus manqué à la discipline.

J'en arrive à ma troisième et dernière question, et je demande pardon à la Chambre de l'avoir si longtemps retenue.

La dernière question est celle-ci ; je la répète dans ses termes très précis. Je n'élude pas la difficulté du problème et je prie le Gouvernement de ne pas l'éluder non plus : « Quelles sont les intentions précises du Gouvernement à l'égard des professeurs ou des instituteurs qui, dans leur classe, dans leur enseignement, adhéreraient aux doctrines générales du socialisme, à la philosophie du socialisme ? »

Et pour ne laisser subsister aucune équivoque, je vous demande quelles sont vos intentions précises à l'égard de ceux qui ne comprendraient pas la fonction du capital et le rôle de la propriété actuelle comme les comprennent les économistes orthodoxes, et je vous demande quelles sont vos intentions précises à l'égard de ceux qui au dehors se mêlent, avec le respect de leur propre parole, à la propagande socialiste

Et ici apparaît le vrai problème.

Avez-vous le droit et le pouvoir d'empêcher l'Université, éducatrice des générations nouvelles, de se mêler à toutes les émotions, à tous les mouvements de la vie actuelle ? Voilà le problème dans toute son étendue.

Je réponds d'un mot que vous ne le pouvez pas sans manquer à l'esprit de l'Université elle-même, depuis la Révolution française.

Qu'est-ce qui a fait — selon l'homme éminent qui dirige l'enseignement supérieur et qui a publié récemment un livre que vous connaissez sur l'histoire de l'enseignement supérieur en France, de 1789 à 1894 — qu'est-ce qui a fait la langueur, le dépérissement et la médiocrité des universités et des collèges de l'ancien régime pendant tout le dix-huitième siècle ?

C'est que l'enseignement de l'ancien régime, pendant tout le dix-huitième siècle est resté un enseignement purement scolastique, un enseignement fermé à la vie environnante et dans lequel n'ont pénétré ni les grands progrès contemporains des sciences naturelles ni l'esprit critique qui s'appliquait à la politique, à la religion et aux idées sociales. En sorte que ce qui a marqué, dans l'ordre de l'enseignement, l'œuvre de la Révolution française, c'a été précisément d'arracher les universités et les collèges de l'ancien régime à cette méthode scolastique surannée et de les faire sortir en quelque sorte de leur cloître laïque pour les mêler à toutes les idées critiques du siècle, à tous les progrès de la science, à ce mouvement de l'esprit de liberté et de justice de notre pays. Voilà quelle a été la conception de l'Université sous la Révolution française.

C'est là — vous ne pouvez pas le contester — ce qui a fait la grandeur du rôle de l'Université; c'est que sous tous les régimes, sans s'asservir aux formules gouvernementales qui passaient, elle s'est mêlée à tous les mouvements de liberté; c'est que, sous la Restauration, il a fallu fermer l'Ecole normale comme suspecte de libéralisme, frapper les maîtres qui, dans les chaires de la Sorbonne, inquiétaient le gouvernement réactionnaire d'alors; c'est que, sous la puissance oligarchique et bourgeoise de Louis-Philippe, déjà Michelet et Quinet commençaient à annoncer l'avènement de la démocratie; c'est que, durant la période réactionnaire de la seconde République, Michelet et Quinet parlaient au nom de la démocratie et du droit; c'est que, lorsqu'est venu le Deux-Décembre, la plupart des professeurs de l'Université — et l'Université ne m'en voudra pas de rappeler ce souvenir qui est une grande gloire pour elle — n'ont pas fermé leurs yeux et leurs oreilles, ne se sont pas dit : Nous sommes des scholars, nous enseignons les belles-lettres, les vers latins, la grammaire de Lhomond, ou la philosophie de M. Cousin; tout le reste ne nous regarde pas. Est-ce que les bruits de la rue sont faits pour troubler la sérénité des éducateurs de la jeunesse? S'ils s'étaient dit cela, vous auriez eu beaucoup plus d'exemples de lâcheté et beaucoup moins d'exemples d'honneur civique et d'honneur républicain.

Mais il s'est trouvé des professeurs — et Challemel-Lacour et Jules Simon, et d'autres — qui ont protesté au nom du droit et on dit : Nous sommes des citoyens ! Et pendant tout le temps de l'empire il y a eu une protestation éloquente de l'Université contre ce régime d'oppression.

Je me rappelle, pardonnez-moi ce souvenir, qu'étant, il y a quelques années, professeur au lycée d'Albi, M. Léon Bourgeois, ancien ministre de l'instruction publique était alors préfet du Tarn. Il vint au lycée voir les professeurs et il leur parla avec éloquence en rappelant qu'il avait été élève de l'Université dans ces années maudites de l'empire. Et il disait aux professeurs : Alors il ne nous était pas permis de parler de la République, mais du moins on enseignait la République sous le nom de liberté.

Et à la fin de l'empire — c'est un de vos recteurs qui me le racontait il y a quelques mois — quand on a pu espérer un commencement de réveil de la pensée libérale, M. Jules Simon faisait des tournées en province — il était alors, lui aussi, un commis voyageur, un agitateur.

Il faisait des tournées en province et il convoquait les professeurs au lycée de Rodez notamment — c'est le souvenir précis qui m'est resté de cet entretien — il les convoquait en secret, et il leur disait : « Oui, l'empire exige de vous la servitude, le serment, la soumission aveugle; mais avant d'être les serviteurs de l'empire, vous relevez de votre conscience d'hommes libres. »

Voilà ce qu'il leur disait; et les recteurs qui administrent à l'heure actuelle vos académies ont été élevés d'après ce langage; je me demande comment ils feraient pour être les instruments d'une politique d'asservissement.

Et depuis vingt ans n'avez-vous pas mêlé l'Université à toutes nos luttes?

Pendant le 16 Mai, alors qu'on déplaçait beaucoup d'instituteurs, ces déplacements d'instituteurs apparaissaient alors comme une chose grave à ces républicains du centre qui, tout à l'heure, ricanaient et disaient : On déplace un petit professeur et il proteste? Mais de quoi donc s'avise-t-il ! Il doit se taire !

Eh bien non ! Il n'a qu'à suivre les leçons qu'on lui a données depuis vingt ans ! Au 16 Mai, vous avez été assez heureux d'avoir les instituteurs avec vous, et depuis, dans toutes vos campagnes contre l'influence des curés, voyons, un peu de franchise, n'avez-vous pas eu besoin des instituteurs? Oh ! c'est de leur pleine volonté et dans leur entière liberté qu'ils ont agi.

Je ne demande qu'une chose, c'est qu'on les laisse aller leur chemin, qu'on les laisse servir la République de tout leur cœur, en liberté et comme ils veulent la servir; pas d'oppression, parce qu'ils ont le droit, après tout, de n'avoir pas la même formule de la République que les ministres qui passent; s'ils laissent tomber de leur conscience l'aveu d'une préférence pour une formule de la République autre que la vôtre, ne les humiliez pas, ne les frappez pas, au nom même de République, car vous aurez peut-être besoin un jour de retrouver en eux des défenseurs indomptés.

Mais alors, ce n'est pas seulement vos instituteurs que vous vouliez gagner; permettez-moi encore cette anecdote toute personnelle.

Au moment où vous faisiez l'article 7 qui inquiétait un peu l'Université, parce qu'il lui coûtait de paraître défendue par des mesures légales contre des concurrents, vous aviez besoin de l'assentiment de l'Université tout entière; je me rappelle alors toutes les visites de M. Jules Ferry à l'École Normale, toutes les caresses qu'il prodiguait à M. Bersot, notre directeur, pour obtenir de lui, un fonctionnaire cependant, une adhésion publique à l'article 7; et comme on disait alors beaucoup de bien de l'École Normale, pour varier un peu du mal qu'on disait des jésuites, M. Bersot nous convoquait parfois, après ces entrevues ministérielles: il nous faisait part de ces belles effusions gouvernementales pour l'école, pour notre développement, pour notre liberté d'esprit, et il nous disait avec sa merveilleuse finesse : « Prenons garde, messieurs : on nous aime contre quelqu'un. »

Eh bien ! messieurs, la liberté ne veut être aimée contre personne, l'Université ne veut être libre contre personne. L'Université vous réclame la liberté entière, pour la liberté seule, et voilà tout.

II.

DISCOURS prononcé au cours de l'interpellation THIERRY-CAZES sur l'attitude du ministre de l'Instruction Publique à l'égard des membres de l'enseignement public.

(Séance de nuit du 21 juin 1894).

Messieurs,

M. le ministre de l'instruction publique, tout à l'heure, faisait appel à la franchise, à la loyauté du corps enseignant et de ceux qui traduisent ici les griefs de quelques-uns de ses membres. Il disait : S'il est des professeurs qui veuillent, hors de leur classe, dans la vie civile ou politique, soutenir des doctrines qui ne représentent pas exactement la pensée gouvernementale, qu'ils aient au moins le courage de ne pas se dédoubler, de ne pas couper leur pensée en deux, qu'ils soient dans leurs classes ce qu'ils sont au dehors et qu'ils disent dans leurs classes ce qu'ils disent au dehors. Eh bien, j'oserai adresser à M. le ministre de l'instruction publique le même appel.

Il a formulé d'une façon indirecte, je le dirai sans viser le moins du monde ses intentions, d'une façon détournée, deux propositions graves qui restreignent le droit des professeurs.

Vous avez dit qu'il était dangereux pour le bon ordre de nos établissements d'enseignement public que les professeurs soient investis d'un mandat politique, qu'ils ne devaient se risquer dans cette voie qu'avec une extrême réserve, que leur entrée dans la vie politique, dans ses luttes, était pleine de péril pour l'Université, à laquelle ils devaient songer d'abord ; et vous avez montré que c'est à propos d'incidents soulevés par l'arrivée des professeurs à la vie politique, à l'exercice des mandats politiques, que vous aviez été obligé de les frapper.

Eh bien ! messieurs, il y a une loi électorale qui crée un certain nombre d'incompatibilités ; mais elle ne parle pas d'incompatibilité entre les fonctions d'éducateur public et l'exercice d'un mandat politique.

Non, on n'a pas osé dire à ceux qui sont chargés d'enseigner aux générations nouvelles les droits des citoyens, qu'ils devaient eux-mêmes en être privés ! On n'a pas osé dire à ceux qui sont chargés de réagir avant tout contre les tentations de scepticisme ou d'indifférence qui seraient la mort d'une démocratie libre, qu'ils devaient se renfermer dans le scepticisme ou dans l'indifférence ! La loi n'a pas dit cela ; elle a dit aux maîtres de l'enseignement public : Vous avez le droit de rester des citoyens qui votent ; vous avez le droit aussi d'être des citoyens militants qui sollicitent sur leurs noms, leurs opinions, leur doctrine, les libres suffrages de leurs concitoyens.

Et lorsqu'un ministre dit que l'exercice de ce droit est plein de périls et que la loi s'oppose à l'entrée d'un professeur dans la vie politique, ce ministre abroge, sans oser le dire, la loi électorale ; il l'abroge de sa propre autorité. Il crée contre les éducateurs de l'enfance et de la jeunesse une incompatibilité que la loi n'a pas établie.

Et quelles sont vos raisons, monsieur le ministre ?

Vous en avez donné deux. Vous avez dit d'abord — et, je l'avoue, dans votre bouche, cette parole m'a profondément surpris — que lorsque les professeurs, les instituteurs, les petits maîtres de collège se risquaient à briguer un mandat électif, ils risquaient de renverser la hiérarchie professionnelle et d'y substituer une hiérarchie nouvelle.

Et vous avez cité comme une sorte de scandale le cas d'un simple instituteur qui, devenu conseiller municipal ou maire, pouvait en cette qualité, en vertu de ce mandat politique, avoir une autorité sur ceux qui, dans l'ordre professionnel, étaient et devaient rester ses supérieurs.

J'ai vu ce cas se produire ; il m'est arrivé à moi, simple chargé de cours à la faculté de Toulouse, d'être adjoint à la municipalité de Toulouse. Je devenais ainsi, selon votre doctrine, le supérieur de mon doyen et de mon recteur. Je vous assure, monsieur le ministre, que personne n'a songé à comparer cette hiérarchie professionnelle qui restait absolument respectée, avec l'exercice libre d'un mandat politique.

J'ai vu aussi, dans la même ville, dans la municipalité de Toulouse, un maître répétiteur du lycée, M. Laffitte, arriver au conseil municipal. Direz-vous qu'il devenait par là le supérieur de son proviseur et que ce dernier se trouvait humilié d'avoir à négocier des affaires de la ville dans leurs rapports avec les affaires du lycée, avec un de ses maîtres répétiteurs ? Le proviseur était le premier, tout en exigeant une pleine obéissance, que ne lui marchandait pas le maître répétiteur, à respecter en lui un élu d'une cité libre.

Est-ce qu'on osera produire ici une pareille objection ?

Mais c'est l'objection de la réaction elle-même !

La loi militaire a été longtemps discutée dans cette enceinte ; toute la gauche, tous les républicains demandaient que le fils de famille, que le fils du riche, que le fils du grand industriel et du grand propriétaire entrât au régiment aux mêmes conditions que le fils de l'ouvrier ou du paysan ; et que disait la réaction monarchique ou cléricale, qui s'appelait alors la réaction militaire ? Elle disait : Vous allez créer un paradoxe, vous allez créer une contradiction scandaleuse entre la hiérarchie normale de l'état social et la hiérarchie nouvelle de cet état social.

Je dis que, lorsqu'on a proposé à ce pays, notamment à la Chambre de 1885, la loi militaire qui soumettait aux mêmes règles, au même niveau, aux mêmes conditions d'avancement, à la même discipline, les fils de la haute bourgeoisie ou de l'aristocratie et les fils du peuple, l'ouvrier et le paysan, il s'est trouvé dans certains partis des hommes qui soutenaient qu'il en résulterait une contradiction entre l'état social et la condition militaire.

Je dis que j'ai entendu se produire à cette époque cet argument, que par le nouveau régime militaire, un châtelain, par exemple, pouvait devenir au régiment le subordonné de son valet de ferme.

Et j'ai lieu d'être surpris que cette doctrine, qui était alors répudiée par toute la majorité républicaine, ait pu être reproduite ici à propos du personnel enseignant par M. le ministre de l'instruction publique, avec l'adhésion d'une partie au moins de cette majorité.

M. le ministre de l'instruction publique a dit : Oui, voilà un subordonné dans la hiérarchie universitaire et, de par le suffrage universel, il peut devenir, à certains égards, dans l'exercice de son mandat, le supérieur de ceux dont dans la pratique de sa profession, il est et doit rester l'inférieur.

Voilà la théorie qui a été indiquée ici. Eh bien, je prétends qu'elle est la négation du suffrage universel lui-même.

Je prétends que ce qui caractérise le suffrage universel, que ce qui fait sa grandeur, sa vertu, c'est précisément qu'en dehors de toutes les hiérarchies professionnelles, qu'en dehors de toutes les hiérarchies sociales, il va choisir l'homme en qui il a confiance pour le marquer de sa souveraineté. Je dis que la souveraineté de l'élu n'a rien à voir avec la situation qu'il occupe dans la hiérarchie économique et dans la hiérarchie sociale, et que le suffrage universel a le droit d'aller choisir ses représentants là où il lui plaît.

Vous vous indignez, vous vous scandalisez qu'un petit fonctionnaire, un maître répétiteur, un instituteur puisse devenir par un mandat ce que vous appelez le supérieur politique de ses supérieurs professionnels.

Est-ce que vous tous, qui êtes ici pour gouverner par la loi les intérêts du pays, est-ce que avant d'arriver ici vous apparteniez tous nécessairement au sommet des hiérarchies sur lesquelles à l'heure actuelle sont fonctionnarisés loin?

Est-ce qu'au banc des ministres la démocratie n'a pas vu s'asseoir des hommes qui sont devenus du jour au lendemain, en vertu du suffrage universel, du régime ministériel, les supérieurs, les maîtres de ceux dont la veille, dans leur profession, ils étaient les subordonnés?

Est-ce qu'on n'a pas vu fréquemment de simples juges arriver à la tête de la magistrature comme ministres de la justice? Et vous-même, monsieur le président du conseil.

Est-ce que lorsque vous êtes arrivé au ministère de l'instruction publique, après avoir accompli avec honneur vos fonctions universitaires comme inspecteur d'académie, vous n'êtes pas devenu subitement le chef de tous ces recteurs dont vous étiez la veille le subordonné?

M. le président du conseil. Je ne remplissais pas alors simultanément des fonctions électives et des fonctions d'enseignement.

M. Jaurès. Très bien! Je recueille cette parole: c'est la formule même de la pensée gouvernementale.

M. le président du conseil m'observe que ce sont des fonctions successivement remplies, et il considère, en effet — ou il paraît considérer, donnant ainsi une précision plus grande à la pensée du ministre de l'instruction publique — que ce qui est intolérable, c'est d'exercer en même temps des fonctions gouvernementales et des fonctions électives.

Eh bien! j'en prends acte! C'est l'abrogation pure et simple du droit électoral qui permet aux universitaires d'arriver aux fonctions électives.

Et, revenant à ce que je disais au début, j'ai l'honneur de demander au Gouvernement. qui faisait appel à notre franchise, si c'est bien là sa pensée, — et on n'en peut plus douter après la déclaration de M. le président du conseil.

M. le président du conseil. Que je maintiens!

M. Jaurès. Eh bien! si telle est la pensée avouée et maintenue par M. le président du conseil, j'ai bien le droit de dire au Gouvernement: Au lieu de procéder par des moyens indirects, au lieu de rendre impossible aux professeurs l'exercice d'un mandat politique, au lieu de vous borner à déclarer, dans des interruptions de séance, que vous considérez qu'il y a incompatibilité entre les fonctions de professeur et les fonctions électives, apportez un projet de loi, ayez ce courage!

Oui! ayez le courage de signifier à l'Université que vous la mettez hors du droit commun politique.

Signifiez à tous ces jeunes gens pauvres, qui ont l'ardeur de l'étude et la foi dans la science, que vous revenez au régime orléaniste de l'exclusion systématique des capacités! Signifiez-leur qu'en entrant dans ces fonctions, qu'ils considèrent avec raison — et ce devrait être votre honneur de les considérer à votre tour de la même façon — comme les plus hautes de toutes, qu'ils font abdication de leur droits politiques, que c'est une *capitis deminutio* qu'ils prononcent sur eux-mêmes; ayez le courage de le dire!

Pour prononcer contre les professeurs, instituteurs et maîtres répétiteurs cette sorte d'excommunication politique, M. le ministre de l'instruction publique a allégué un autre argument. Il a dit: S'il y a des professeurs qui, soit en se mêlant à la lutte des partis, soit en exerçant un mandat politique, témoignent de leurs préférences pour une conception politique ou sociale déterminée, ils éloigneront par là même du lycée toutes les familles qui n'approuveront pas cette conception politique ou sociale.

Nous voyons reparaître ici, messieurs, dans la démonstration gouvernementale, cet argument du père de famille dont la droite cléricale a jadis tant abusé.

Que disait-on alors ? On disait : Si vous introduisez la laïcité, l'affirmation de l'indépendance de la raison humaine dans tous vos programmes, dans ceux de l'enseignement secondaire et dans ceux de l'enseignement primaire, vous écarterez par là même de vos lycées, de vos écoles tous ceux qui ont gardé la foi traditionnelle. C'était là, nul ne le peut contester, l'argument favori de l'opposition cléricale. Je suis surpris de le voir reprendre à propos de l'idée socialiste.

Et permettez-moi de dire que si vous craignez pour vos lycées, pour vos collèges, pour vos écoles, parce que quelques instituteurs ou quelques professeurs auront pu choquer par leurs opinions socialistes les conceptions économiques d'une partie de la bourgeoisie qui envoie ses enfants dans vos lycées, vous pouvez aussi, à l'heure actuelle, craindre de choquer par le maintien des programmes et de l'idée laïque une partie au moins aussi importante de cette même bourgeoisie.

Et vous savez bien que, par suite de certaine mode intellectuelle qui se propage depuis quelques années, ce qu'on appelle le vieux voltairianisme de la bourgeoisie est en discrédit, en décadence. Vous savez bien que pour défendre ses privilèges économiques la bourgeoisie retourne au cléricalisme.

Vous savez bien que si vous voulez adapter et humilier votre enseignement public jusqu'à répondre à toutes les susceptibilités qu'on essayera de créer contre vous, ce n'est pas seulement à l'opinion socialiste, c'est dans une large mesure, à l'indépendance de la pensée laïque que devront renoncer les maîtres de l'enseignement public.

Vous savez bien, et M. le président du conseil le sait bien aussi — c'est un des actes de son administration qui comme ministre de l'instruction qui comme ministre de l'instruction publique lui font le plus d'honneur — il sait bien qu'il a été obligé de défendre contre toute sorte de périls qui menaçaient sa carrière un professeur de l'Ariège qui n'était pas socialiste, mais qui avait soulevé contre lui certaines animosités locales, non pas pour la propagation des idées socialistes, mais parce qu'il allait dans les communes rurales, dans les hameaux, avec cette conviction qu'à la morale traditionnelle du prêtre il faut opposer la morale nouvelle de la pensée laïque.

Et parce qu'il allait prêchant, comme c'était son droit et comme c'était son devoir d'éducateur public, la morale indépendante fondée sur la seule conscience humaine, sur la seule raison, il a été en butte aux-mêmes dénonciations, à la même animosité, aux mêmes calomnies que les propagandistes du socialisme. Et si vous n'aviez pas eu, monsieur le ministre, devant la loyauté évidente de cet homme, un mouvement de générosité démenti à l'heure actuelle par les principes que vous venez de promulguer, il aurait été frappé comme l'ont été les propagandistes du socialisme.

C'est pour ces raisons que M. le ministre de l'instruction publique déplorait, contrairement à la loi électorale, le cumul par certains instituteurs ou professeurs de fonctions professionnelles et de fonctions électives. Tout à l'heure je vous provoquais à déposer une loi dans ce sens. Eh bien ! vous ne la déposerez pas, parce que ce n'est pas nous seuls que vous frapperiez, parce qu'en interdisant la propagande politique, le journalisme politique, les mandats politiques aux professeurs suspects de socialisme, vous seriez obligés de les interdire aux autres ; vous seriez obligés, par conséquent, de désavouer tous ceux qui sont vos collaborateurs, tous ceux qui, dans la presse, sont vos auxiliaires et vos soutiens de tous les jours.

Ah ! monsieur le ministre, vous dites que l'Université est en péril lorsqu'un professeur, en acceptant un mandat, attire sur lui des animosités qui peuvent réduire la clientèle naturelle de l'Université. Allez dire cela — on peut ici, sans péril, citer des noms propres — à votre directeur de l'enseignement supérieur, l'honorable et éminent M. Liard, qui, en même temps qu'il était professeur à la Faculté de Bordeaux, était adjoint au maire, et adjoint militant, et contre lequel s'élevaient les plus violentes polémiques !

Allez dire cela au recteur actuel de l'Académie de Bordeaux, un de vos plus érudits recteurs, M. Couat !

Lorsque, il y a quelques années, professeur à la Faculté de Bordeaux, il fut entre temps adjoint au maire, il suscitait de très vives polémiques, et il disait : « Cela ne fait point de mal à l'Université que ceux qui travaillent pour elle travaillent en dehors d'elle, pour propager les idées de liberté et de progrès ! »

Voilà ce que seraient obligés de vous dire vos collaborateurs principaux.

Et votre directeur de l'enseignement primaire, n'est-ce pas son honneur, par la longue propagande de rationalisme qu'il a menée, par l'affirmation vigoureuse de l'idée laïque qu'il poursuivait bien avant de prendre la direction de l'enseignement primaire, n'est-ce pas son honneur d'avoir attiré contre lui la haine implacable de tout le parti clérical ? Allez-vous lui reprocher d'avoir licencié une partie de la clientèle possible des écoles primaires ?

Que répondrez-vous à ces hommes lorsqu'ils vous diront : Ce que vous voulez interdire aux professeurs d'aujourd'hui, nous le faisions hier, et nous nous faisons honneur de l'avoir fait ?

M. le Ministre de l'Instruction publique devrait également, sur un autre point, pousser la franchise jusqu'au dépôt d'une nouvelle proposition de loi. Il a dit — et c'est la première fois peut-être qu'un pareil langage a été tenu à la tribune depuis vingt ans — il a dit que les garanties de liberté, d'indépendance que possédaient les membres de l'enseignement étaient peut-être excessives.

M. le Ministre de l'Instruction publique. — Je n'ai jamais dit cela.

M. Jaurès. — Comment, vous n'avez pas dit cela !

Vous avez dit qu'il pourrait se produire de tels abus, qu'il faudrait songer peut-être à fortifier l'action du pouvoir central et à diminuer les garanties d'absolue liberté qui sont à l'heure actuelle accordées aux membres de l'enseignement public. Mais où sont-elles ces garanties ?

Sont-elles pour les professeurs dans ce conseil supérieur qui n'a qu'un droit d'avis, qui n'est pas recruté selon une pensée démocratique ? Sont-elles dans les Conseils départementaux présidés contre les instituteurs par les préfets qui se font un jeu de les déplacer, qui en sont le gage perpétuel des basses combinaisons de l'opportunisme local ?

Et puis, comment osez-vous parler des garanties du corps enseignant au moment où vous lui enlevez la plus précieuse des garanties, la garantie fondamentale, celle qui est inscrite dans la Constitution elle-même ?

Vous avez souri tout à l'heure avec une amabilité silencieuse lorsque M. Pelletan rappelait que le droit de pétition est inscrit dans la Constitution même et qu'il existe pour tous les citoyens.

Je ne sache pas qu'aucun chef d'administration ait le droit de supprimer pour ses administrés une garantie qui est écrite pour tous les citoyens dans la charte fondamentale de la République. Par conséquent, lorsque vous enlevez aux professeurs le droit de pétition, ou plutôt lorsque vous maintenez, lorsque vous consacrez l'interruption et la suppression de ce droit et de son exercice, vous enlevez aux professeurs la garantie essentielle, condition et caution de toutes les autres.

Messieurs, je n'ai pu me défendre tout à l'heure d'un sentiment de tristesse lorsque M. le Ministre de l'Instruction publique a abordé l'examen des cas particuliers d'arbitraire que mon ami M. Thierry Cazes et moi avions cités à cette tribune.

Il a dit d'abord que les professeurs ne pouvaient pas être transformés en victimes, parce qu'ils avaient été les premiers à écrire à leurs chefs : M. Le Bret, par exemple, a écrit à M. le recteur de Toulouse une lettre où il disait : « Surtout qu'on ne me rende pas responsable du bruit qui a pu se produire autour de cet incident. »

Comment ! M. le Ministre de l'Instruction publique est obligé de constater qu'aucun grief professionnel — et j'espère qu'il ne me démentira pas — n'est relevé contre ces professeurs ; il est obligé de constater que c'est seulement à cause de leur attitude politique qu'ils ont été déplacés. Et lorsque, après avoir été déplacés, ils risquent de perdre même leurs moyens d'existence et ceux de leurs familles, oui, lorsqu'ils se trouvent en face d'un arbitraire administratif qui les déplace aujourd'hui, sans raison, qui demain, sans raison aussi, peut les révoquer, lorsqu'ils se trouvent en face de ce péril, vous vous étonnez qu'ils n'assument pas sur eux-mêmes la responsabilité des incidents qui peuvent se produire. Mais que vous osiez produire à la tribune de pareilles lettres, c'est votre condamnation !

Puis, j'ai admiré cet artifice caressant de paroles ; on déplace un professeur malgré lui, on l'arrache au lycée où il enseignait et où il voudrait continuer à enseigner, on l'arrache à la ville où sont ses relations de famille et ses amitiés, et sous prétexte que ce déplacement n'est pas une révocation, sous prétexte qu'on n'en finit pas en une fois avec ce professeur on dit : Nous lui avons donné de l'avancement. Ah ! messieurs, je vous en prie, lorsque vous frappez les professeurs, ne joignez pas la dérision à l'arbitraire ; n'appelez pas avancement une pareille mesure prise contre eux, une mesure contre laquelle ils ont droit de protester.

Et si c'était, en effet, de l'avancement, quelle serait votre situation ? Vous dites que ces professeurs compromettent l'Université, et quelle mesure prenez-vous ? D'après ce que vous dites, vous leur donnez de l'avancement. Qu'est-ce à dire, messieurs, sinon que vous sentez vous-mêmes que le coup dont vous les frappez n'est pas justifié ; c'est que vous éprouvez le besoin d'en faire, en quelque sorte, vos excuses à l'Université elle-même ; j'en prends acte.

Vous n'avez rien répondu ni au cas de M. Marty, ni au cas de M. Dubois. — Non, rien !

Pour M. Dubois, le professeur de Brive, que nous avez-vous dit ? Vous lui avez fait un grief essentiel d'avoir présidé une réunion publique dans laquelle deux de nos collègues, MM. Guesde et Sembat, avaient prononcé, dites-vous, contre la République, contre le Gouvernement et contre les ministres des paroles violentes. Permettez-moi de vous dire, d'abord, que vous n'avez pas le droit de confondre la République et le ministère.

Vous n'avez pas le droit de dire que les coups dirigés contre une certaine politique gouvernementale, contre certain ministère s'adressent à la République elle-même : c'est quelquefois servir la République que d'attaquer certains ministères.

Et puis, Monsieur le Ministre de l'Instruction publique, dans le récit de cette réunion de Brive, vous avez omis certains détails caractéristiques qu'il faut faire connaître.

Le bureau qui présidait cette réunion avait été formé par la réunion elle-même dans laquelle se trouvaient aux prises des partis très opposés : il y avait le parti socialiste, le parti qu'on appelle opportuniste et le parti clérical.

Ces trois partis, voulant que la réunion publique fût contradictoire et qu'une absolue liberté fût donnée à chacun d'eux, constituèrent un bureau eclectique. On donna la présidence à un professeur qui était connu, je ne le nie pas et il m'en voudrait de le nier : oui, il était connu pour ses sympathies à l'idée socialiste. Puis, on choisit deux assesseurs, l'un opportuniste militant de la ville, l'autre vicaire de la paroisse.

Vous avez frappé le professeur, accumulé contre lui les enquêtes ; vous l'avez envoyé professer ailleurs. Je vous demande maintenant quelles sont les mesures que vous avez commencé à prendre à l'égard du vicaire ?

Vous ne le savez même pas. Je m'en félicite pour lui, ou plutôt, non ! Il ne risquait rien, et voilà pourquoi je n'ai aucun scrupule à en parler à cette tribune.

Donc, vous n'aviez aucune raison pour frapper cet homme, et la question qui se pose en ce moment est celle-ci : toutes vos mesures disciplinaires, toutes les menaces qu'a apportées M. le Ministre de l'Instruction publique, toutes les lois que vous annoncez — et que d'ailleurs vous ne proposerez pas — pour leur arracher brutalement l'éligibilité, pour réduire leurs garanties, tout cela ne vous servira de rien ; vous n'arrêterez pas dans l'Université le mouvement socialiste, vous ne le pouvez pas. Vous ne l'arrêterez pas non plus parmi ces instituteurs qui, dans les agglomérations ouvrières, reçoivent, pour ainsi dire, l'idée socialiste des enfants qu'ils sont chargés d'enseigner.

Vous ne l'arrêterez pas dans l'enseignement secondaire et, dans l'enseignement supérieur, vous êtes obligés, par les concessions que les partis les plus rétrogrades doivent faire aux idées nouvelles, d'instituer ces chaires d'économie sociale dans lesquelles l'idée socialiste sera affirmée au grand jour. Et parmi la jeunesse qui se presse autour des chaires de vos professeurs et dans les réunions socialistes librement organisées, dans cette jeunesse française, pensez-vous arrêter le mouvement socialiste ? Est-ce que vous vous imaginez que ces étudiants d'aujourd'hui, qui se préoccupent avec passion du problème social, devenus professeurs demain, arracheront subitement de leur cerveau, pour vous plaire ou vous obéir, les idées socialistes qui commencent à y pénétrer ?

Je vous le demande, si vous retirez à cette jeunesse d'étudiants qui, demain, sera l'Université enseignante, ce haut idéal du problème social à résoudre, quel est l'aliment que vous donnerez à son activité ? Est-ce que, comme il y a un siècle, ce sera l'attente de la guerre dans laquelle vivaient les jeunes générations du premier Empire ? Oh ! certes, les étudiants d'aujourd'hui seraient prêts, si le pays était menacé à faire tout leur devoir. Mais vous êtes les premiers à leur dire que la guerre ne peut être qu'un horrible cataclysme qu'on ne peut pas envisager avec une sorte d'allégresse héroïque comme on le faisait autrefois de l'entregorgement, la tuerie des peuples et des races.

Vous êtes les premiers à leur dire cela, et ils savent bien que, dans l'état actuel du monde et de la conscience humaine, la guerre ne peut avoir quelque grandeur et quelque légitimité morale que si elle apparaît dans le monde comme la défense des idées républicaines et socialistes contre les convulsions suprêmes du capital exaspéré ou des monarchies aux abois.

Et de même leur direz-vous de se tourner vers les manifestations artistiques ; mais il n'y a pas aujourd'hui une seule production de la puissance artistique, du génie français, du génie humain, qui ne soit imprégnée du problème humain, c'est-à-dire du problème social, depuis les *Misérables* de Hugo, jusqu'au *Germinal* de Zola, jusqu'à l'*Impérieuse bonté* de de Rosny.

Est-ce que vous les laisserez, faute d'une grande conception de justice humaine à réaliser, devenir la proie de tous les mysticismes flottants et dissolvants par lesquels M. de Vogüé et bien d'autres essayent de les ramener, sous des formes nouvelles, au dogme primitif ? Non, vous ne le pourrez pas, et il ne leur restera d'autre élément éducatif, d'autre idéal humain que la justice sociale à réaliser.

Et vous n'avez pas, Monsieur le Ministre, permettez-moi de vous le dire, répondu sur ce point à la difficulté précise que je vous signalais. Vous avez obligé l'Université elle-même à entrer dans cette étude du problème social, d'abord par la substitution de l'enseignement moderne, dans une large mesure, à l'enseignement classique. Oui, l'enseignement classique était la base de l'éducation dans nos lycées, et comme l'antiquité ignorait, malgré le fond d'esclavage sur lequel elle reposait, ce que nous appelons le problème social, parce que l'esclave avait des révoltes, mais n'avait pas de doctrine, les peuples d'alors, au lieu de s'imprégner de toutes les émotions de la lutte pour la vie dans les sociétés, vivaient dans la pure contemplation des formes esthétiques.

Alors, oui, tant que la littérature ancienne était la seule base de l'éducation universitaire, vous pouviez exorciser de vos écoles, vous pouviez chasser de vos lycées les préoccupations du problème social ; mais depuis que vous avez modernisé vos études, depuis que vous avez introduit dans vos écoles tous les chefs-d'œuvre de la littérature moderne, tous les soucis de la pensée moderne, depuis que vos jeunes écoliers sont obligés de se pénétrer et de la pensée de Gœthe et de celle du grand Byron, depuis que vous avez conduit les esprits à travers la nouvelle littérature, vous ne pouvez plus chasser de vos lycées, de vos écoles la pensée humaine, la pensée sociale qui, d'ailleurs figure dans vos programmes. Et sur ce point, je sollicite des explications précises.

Dans votre programme de philosophie, à la suite de la partie traditionnelle, après les questions de logique, de morale et de métaphysique, a été introduit récemment un fragment d'économie politique et sociale, et tous les professeurs de vos lycées sont invités à dire devant leurs élèves ce que c'est que la propriété, ce que c'est que le travail, quels doivent être les rapports du travail et de la propriété, et dans le programme de quatrième année de votre enseignement moderne vous avez introduit expressément l'étude et la discussion des conceptions socialistes ; et non seulement vous l'avez fait, mais le vœu d'un très grand nombre de membres les plus éminents de l'Université est que les professeurs insistent sur ces parties nouvelles d'économie politique et sociale introduites dans les programmes, et voici notamment ce que dit un professeur très éminent dans un livre sur l'enseignement secondaire qui a été très remarqué :

« Enfin, dans la dernière année, il ferait un cours non pas seulement d'économie politique mais d'économie sociale. Il examinerait successivement les critiques que l'on a faites de notre société et en signalerait le bien ou le mal fondé, il critiquerait à son tour les systèmes que ce siècle a vu naître à profusion et il montrerait en quoi ils sont praticables ou impraticables. Enfin, il indiquerait quelles concessions s'imposent en face des revendications ouvrières et il s'attacherait à produire dans l'esprit de ses auditeurs les impressions les plus favorables à la solidarité et à la justice. »

Voilà le rôle nouveau défini pour les professeurs par un professeur éminent que M. le président du conseil connaît bien, puisque c'est son frère, M. Adrien Dupuy.

Je dis que lorsqu'on laisse percer dans les programmes de pareilles préoccupations, qu'on y inscrit de pareils problèmes, il faut savoir dans quel esprit les professeurs seront obligés de les résoudre. Allez-vous, à tous ces professeurs de philosophie que vous laissez libres dans les autres questions, allez-vous imposer un formulaire en matière d'économie politique ou d'économie sociale ?

Vous leur permettez de discuter les autres problèmes en toute souveraineté ; il n'y a plus aujourd'hui comme au temps de Louis-Philippe une sorte de formulaire philosophique et métaphysique. Toutes les écoles de philosophie sont représentées dans votre enseignement public ; il est permis à vos professeurs de critiquer toutes les preuves traditionnelles, ontologiques ou autres, de l'existence de Dieu, de nier l'origine transcendante de l'idée du devoir et de s'associer aux conceptions évolutionnistes, criticistes ou matérialistes.

Ils sont absolument libres dans la discussion de Dieu ; seront-ils libres dans la discussion du capital ?

Et d'ailleurs M. le Ministre de l'Instruction publique disait : « Quand un professeur aurait une conception politique ou économique, un autre en aurait une différente, mais ce serait l'anarchie ; il faut que la solidarité de tous les maîtres s'affirme par l'unité. »

D'abord, est-ce que c'est l'unité qu'une sorte de programme officiel imposé à la monotonie et à la routine de toutes les intelligences ? Il y a unité parmi les professeurs de philosophie, malgré la diversité des conceptions, des systèmes, parce que leurs conceptions quelles qu'elles soient s'inspirent d'un haut idéalisme moral et que sous des formes diverses elles sont l'affirmation du même principe de liberté.

Il en sera toujours de même dans la discussion des conceptions économiques et sociales ; laissez les professeurs aller, ou au libre échange et au laissez-faire, laissez passer, ou à l'organisation du travail.

Vous ne pouvez pas faire autrement ; je vous défie de venir dire à cette tribune que vous obligerez les professeurs à avoir une orthodoxie économique, quand vous ne les obligez pas à avoir une orthodoxie métaphysique. Et alors, permettez-moi ce simple mot : Tout ce que l'Université ne fera pas dans l'œuvre de propagande sociale, tout ce qu'elle perdra d'influence morale sur le peuple, lorsque vous aurez coupé toutes ses communications avec le peuple ouvrier, savez-vous qui le gagnera ? Vous croyez que c'est la République gouvernementale ? Vous vous trompez : et si vous preniez garde à bien des symptômes qui se multiplient autour de nous, vous verriez que c'est nous qui, en voulant maintenir la communication entre l'Université et le peuple ouvrier ou paysan, sommes les véritables gardiens de l'État laïque et de l'idée républicaine.

Ah ! vous nous tenez pour des suspects, vous voulez empêcher les professeurs ou d'exprimer leurs conceptions sociales, ou de se mêler à la propagande socialiste ; mais d'autres vont parmi la jeunesse, parmi la démocratie, pour affirmer, sans que le gouvernement les gêne, leurs conceptions et leurs principes.

Il y a un an, à la Saint-Charlemagne, dans un des beaux lycées de Paris, le lycée Saint-Louis, vous avez permis à un homme, — je ne m'en plains pas, j'admire et l'ardeur de son esprit et la beauté de son talent, mais je signale la différence des attitudes, — vous avez permis au père Didon d'affirmer l'esprit nouveau, la réconciliation nécessaire de la République et de la religion.

Et lorsqu'un dominicain vient hautement parler dans vos lycées, à une cérémonie officielle, pourquoi défendez-vous aux socialistes d'affirmer leur foi ?

Et voulez-vous que je vous dise une dernière chose ? Il y a six mois, j'ai été dans le département du Pas-de-Calais faire œuvre de propagande socialiste ; et, dans les communes rurales où j'ai été, où nous avons, mes amis et moi, organisé des réunions, qui venait nous contredire, et, encore une fois, je le comprends très bien, qui venait nous attaquer et tenir le langage suivant : « Oui, le gouvernement opportuniste est une vilenie où la République gouvernementale doit disparaître ; oui, l'ordre politique représenté par le gouvernement actuel est vicié et taré. Mais, si nous sommes d'accord avec le socialisme pour condamner l'état politique et social actuel, nous nous opposons à ses solutions ; » et qui venait ainsi officiellement, dans les communes rurales, attaquer le gouvernement avec une brutalité de langage que n'ont jamais imitée les professeurs frappés par vous ? Non pas des prêtres libres, mais les curés mêmes des paroisses ; et vous ne le savez même pas. Entendez-moi bien, Messieurs de la droite, et je vous supplie de ne pas vous méprendre sur le sens de mes paroles, je ne les dénonce pas, je ne prétends pas qu'ils doivent être frappés, je prétends que si la liberté doit être accordée aux prêtres, salariés, eux aussi, qui, investis d'un caractère officiel, vont nous combattre et combattre la République et la liberté laïque elle-même, la liberté doit être aussi grande pour les professeurs qui, s'ils combattent votre conception étroite et passagère de la République, soutiennent, eux, du moins, la République elle-même.

III.

DISCOURS prononcé lors de la discussion générale du budget de l'Instruction Publique.

(Séance du 11 février 1895)

Messieurs,

Messieurs, je n'étonnerai aucun de nos collègues en disant que je n'ai aucune qualité pour répondre au nom du gouvernement à l'honorable M. d'Hulst.

Je me permettrai cependant de dire à notre collègue que je ne suis pas tout à fait rassuré par la modestie de ses prétentions présentes. J'ajoute que dans la question des universités qu'il a très habilement soulevée à la fin de ses explications, il ne faut aucun malentendu entre nous.

Je suis de ceux qui, depuis quelques années, ont soutenu avec beaucoup de force l'idée de la constitution d'universités régionales ; mais lorsque nous réclamons cette décentralisation relative de notre enseignement public, nous n'entendons nullement rompre les liens qui rattachent l'enseignement supérieur à la puissance publique, nous n'entendons pas dénationaliser l'enseignement supérieur, de façon à proposer, à glisser de nouveau, sous l'apparence de cette décentralisation, d'autres groupes universitaires qui prétendraient, eux, à leur part de puissance publique.

M. d'Hulst. Pas du tout !

M. Jaurès. Comment ! lorsque vous demandez que la collation des grades soit rendue à ces universités régionales libres, lorsque vous essayez habilement de les confondre avec les universités nationales et régionales à la fois qu'a préparées l'administration de l'enseignement public, n'essayez-vous pas de transférer aux universités catholiques une partie de la puissance publique ?

J'entends bien : vous donnerez les grades, mais c'est l'État qui fournira le diplôme ; il sera fournisseur de papier. C'est à ce rôle qu'il aura été réduit par votre conception des universités.

Sur le second point, je ne sais pas le détail des choses dont vous avez parlé ; mais vous me permettrez simplement de vous répondre que c'est une prétention un peu étrange de subordonner aux convenances particulières de tel ou tel établissement privé les décisions que l'enseignement public croira nécessaire de prendre dans l'intérêt même de l'enseignement de tous.

Comment ! s'il est utile, s'il est sage de décider que les facultés diverses pourront assouplir la rigueur uniforme des programmes ; s'il est sage de décider qu'à côté de la partie fixe, immuable des programmes qui s'étendra sur toute l'étendue du territoire, il y aura une certaine diversité de matières à option dans les facultés, l'enseignement public ne pourra plus le faire sous prétexte que dans des hypothèses factices que vous soulevez, cela pourra gêner telle ou telle partie de votre enseignement. Mais ne voyez-vous pas que c'est toujours la même tactique et que sous prétexte de liberté vous venez ici subordonner la marche de l'enseignement national à vos propres et exclusives convenances ?

Messieurs, je ne m'arrêterai pas — ce n'est pas le moment — à répondre aux observations que l'honorable M. de Lanjuinais avait présentées avant l'honorable M. d'Hulst. Il n'avait point parlé, lui, au point de vue catholique ; il avait parlé si je puis dire, au point de vue conservateur.

Constatant le péril que faisait courir à l'ordre social présent le nombre croissant d'hommes instruits, l'honorable M. de Lanjuinais développa ici la théorie des déclassés : il parla de ce péril que les déclassés font courir à l'ordre social. Il me rappelait les paroles que M. Thiers prononçait à une époque de réaction. Il disait : « Il ne faut pas mettre de feu sous une marmite vide. » Eh bien ! c'est vrai, mais il y a deux remèdes : le premier, c'est celui de M. de Lanjuinais, éteindre le feu ; le second, qui est le nôtre : garnir un peu la marmite.

Je n'ai pas l'intention après cette courte réplique aux adversaires non seulement de l'enseignement républicain, mais, si l'on va au fond de la thèse de M. de Lanjuinais, de tout enseignement un peu développé, je n'ai pas, dis-je, l'intention d'apporter un avis systématiquement optimiste sur l'état présent de notre enseignement public. J'estime, au contraire, que, bien loin d'être en progrès dans son ensemble, il subit un trouble, une crise grave et qu'il est exposé à un recul sérieux s'il ne prend pas, au contraire par une décision énergique du Parlement, par une affirmation très nette de la politique générale, des élans nouveaux et un développement nouveau.

Ce qui manque en ce moment surtout aux membres de notre enseignement primaire, c'est ce qui est la condition même du succès et presque de la vie, je veux dire la confiance absolue en l'Avenir.

Et d'abord les membres de notre enseignement primaire sont singulièrement troublés en constatant que des mesures de protection et d'équité prises en leur faveur par le Parlement sont stérilisées et annulées ensuite, je le dis très librement, par certaines décisions administratives.

Je veux donner un exemple précis pour notre enseignement primaire.

Lorsqu'il y a environ dix-huit mois nous avons discuté la loi sur le traitement des instituteurs, j'ai eu l'honneur de demander à la Chambre que le classement des instituteurs, que leur répartition dans les classes nouvelles créées par la loi fût établi par département. J'en donnais cette raison que si l'on ne procédait pas ainsi, les départements à base agricole, ceux dans lesquels il n'y a pas de grandes villes où les instituteurs d'élite pourraient être appelés, ne participeraient pas pour une part suffisante et équitable à la promotion des classes ; qu'aucune vérification ne serait possible de la valeur des promotions faites ainsi sur toute l'étendue du pays. La Chambre a donné raison à la thèse que je soutenais, et elle a rédigé ainsi le second paragraphe de l'article 24 :

« Pour le personnel mentionné aux articles 7, 8 et 9, — c'est-à-dire pour les titulaires et les directeurs de notre enseignement primaire, — l'avancement a lieu par classe et par département. »

Il n'y a pas d'équivoque possible, et c'est précisément pour faire cesser une pratique antérieure que j'ai proposé, d'accord avec mon honorable collègue M. Ricard, que le classement fût départemental.

Cette même rédaction, précise, impérative, a été adoptée par le Sénat. Ni la commission, ni le Gouvernement, ni le commissaire du Gouvernement, qui me fait l'honneur de m'écouter en ce moment, n'ont opposé à notre proposition la moindre objection.

Et pourtant, ce texte si clair, si précis et si impératif, l'administration de l'instruction primaire l'a trouvé obscur. On est allé pour le faire expliquer, au conseil d'État. On a commencé par souffler sur le sens très clair, très lumineux du paragraphe et on est allé à la porte du conseil d'État lui dire : Ma chandelle est morte, j'ai besoin de lumière ! Et le conseil d'État a donné la lumière qu'attendait le Gouvernement. Il a dit par un avis du 7 août 1894 dont je recommande à la Chambre la saveur administrative : Quels qu'aient été les commentaires dont l'article 24 a été l'objet soit à la Chambre, soit au Sénat, la proportion déterminée par l'article 6 qui fixe l'effectif de chacune des classes de la loi du 19 juillet 1894, s'applique à la répartition en classes de l'ensemble du personnel de l'enseignement primaire élémentaire. »

Ainsi ce classement départemental que vous avez, à notre demande, introduit dans la loi par une disposition expresse, avec la sanction du Sénat, sans aucune opposition du Gouvernement, on l'a fait détruire et on l'a brisé par un simple avis du conseil d'État ! Je regrette profondément, messieurs, que le conseil d'État n'ait pas eu la même attitude gouvernementale dans la question des conventions.

Il y a, il est vrai, cette réponse ou cette demi-réponse possible, qui ne vaut pas, en tous cas, contre un texte précis : c'est que l'enseignement primaire est constitué comme un service d'État, comme un service national. Mais il peut l'être sans que la promotion par classe cesse de se mouvoir dans les limites du cadre départemental. Et la preuve, c'est que vous avez d'autres institutions départementales, d'autres organes départementaux de ce grand service national, quand ce ne serait que les commissions départementales de l'instruction publique.

Donc, il n'y a pas de réponse possible. La loi votée vous a déplu, vous avez soufflé dessus avec l'assentiment du conseil d'État, c'est très simple !

Mais il faut savoir si les instituteurs publics se sentent protégés et garantis dans leurs intérêts et leurs droits par la substitution de décisions administratives contraires aux décisions du Parlement.

Il y a un second point relatif à l'enseignement secondaire sur lequel je voudrais dire un seul mot.

Je ne suis nullement opposé, pour ma part, à la substitution des classes personnelles pour les professeurs des lycées aux anciennes catégories de lycées ; j'y suis d'autant moins opposé que j'ai grand plaisir à rappeler qu'en 1885 ou 1886 j'ai collaboré avec l'honorable M. Burdeau à la substitution des catégories personnelles pour professeurs aux catégories de lycées.

C'est dans l'application que la mesure a été singulièrement faussée.

Tant que les catégories de lycées ont été maintenues, que tel lycée était de telle catégorie déterminée, de 1re ou de 2e classe, tous les professeurs qui y entraient se trouvaient par cela même placés dans cette catégorie et par conséquent la répartition des professeurs dans une catégorie déterminée était assurée par la répartition même des lycées. Au contraire, depuis que lui a été substituée la catégorie attachée à la personne, il n'y a plus de proportion fixée, sérieusement garantie. On a pu créer des emplois nouveaux sans les doter par des affectations spéciales de ressources nouvelles, et c'est ainsi que sur les fonds permanents du budget de l'instruction publique, on a pu entretenir un nombre écrasant de professeurs, ce qui a équivalu à réduire la proportion des catégories supérieures pour le personnel enseignant des lycées et des collèges. Ici encore, en fait, dans l'application, l'intention du législateur a été méconnue.

Il y a un autre point qui a beaucoup inquiété les membres de l'enseignement public.

Il a été beaucoup question ici de cet incident. Il a soulevé des débats très vifs. Mais, quoiqu'il en ait été beaucoup parlé au point de vue militaire et constitutionnel, il y a quelque chose de précis à dire au point de vue universitaire : c'est la question relative à la situation faite à M. Mirman.

Je sais bien que, pour beaucoup de professeurs, étant donné que la possession du diplôme de licencié suffit à les faire bénéficier du service d'un an, la question Mirman ne pourra pas se reproduire. Mais elle peut se représenter pour tous les professeurs — et ils sont nombreux — qui ne sont que bacheliers et pour tous les instituteurs. En sorte que les chefs responsables de l'Université de France ont assumé devant elle, et sans protestation aucune, cette responsabilité de laisser supprimer, contrairement à la Constitution, le droit électoral d'une très grande partie des professeurs et de la totalité des instituteurs.

C'est la première fois, dans la question Mirman, que l'administration universitaire a procédé ainsi. Je me suis trouvé personnellement — je demande à la Chambre la permission de le lui rappeler — dans la même situation que M. Mirman, lorsque j'ai été élu pour la première fois en 1885, n'étant pas professeur titulaire de faculté. J'avais seulement six ans de service, tandis que M. Mirman en avait plus de neuf et demi. L'autorité militaire n'a jamais songé à élever la moindre prétention sur moi.

Bien mieux, en 1889, quand j'ai repris mes fonctions à la Faculté des lettres de Toulouse, j'ai appris, par la retenue qu'on me faisait subir de nouveau du premier douzième, que, pendant mes quatre ans de législature, j'avais été considéré comme démissionnaire.

J'ai protesté contre cette mesure, qui, d'ailleurs, a été maintenue, et je disais : Si l'Université a pu me considérer strictement pendant ces quatre ans comme démissionnaire, l'autorité militaire pouvait mettre la main sur moi. Et l'Administration de l'enseignement et le ministre de l'instruction publique m'ont répondu : Vous ne pouvez pas alléguer une semblable hypothèse, car elle est absolument inadmissible.

C'est cette hypothèse inadmissible et presque scandaleuse que l'Université a laissé se réaliser contre M. Mirman et contre tous les maîtres de l'enseignement public qui seront dans les mêmes conditions que lui.

Un dernier mot sur la façon arbitraire dont est exercé ce que j'appellerai la discipline gouvernementale à l'égard des membres de l'enseignement. Je veux rappeler, et je n'y insisterai pas, que dans notre région toulousaine, à Albi, à Toulouse, des professeurs : MM. Marty, Chiffre, Laffitte, avaient été frappés par le prédécesseur de l'honorable M. Poincaré pour avoir manqué à ce que l'on considérait comme les convenances dans l'exercice d'un mandat électif. Et l'honorable M. Leygues alléguait alors, pour justifier sa mesure, que les professeurs ne pouvaient pas se mêler de trop près à des luttes politiques locales violentes sans compromettre les intérêts de l'Université elle-même.

Or, messieurs, le lendemain du jour où ces paroles ministérielles étaient dites, il s'est produit à Toulouse les incidents les plus violents; il y a eu une municipalité radicale socialiste dissoute sous l'inculpation de fraudes ou de complicité ou de négligence pour la fraude. Il y a eu de nombreux citoyens de Toulouse traduits devant les tribunaux, une grande effervescence dans les esprits et une délégation gouvernementale de trois membres nommés pour gérer les affaires en remplacement du conseil municipal dissous.

Or, qui fait-on entrer, tout d'abord, lui troisième, dans cette délégation gouvernementale ? Un professeur exerçant à Toulouse. Et sur la liste gouvernementale qui a été opposée à la liste radicale socialiste et qui malgré l'appoint déclaré des voix catholiques et des voix monarchistes intransigeantes, a été battue, sur cette liste gouvernementale de trente-six membres figuraient six professeurs des facultés ou du lycée.

Voilà comment vous donnez à l'Université de France le sentiment que ses droits et sa dignité sont maintenus et sauvegardés.

Vous dissimulez bien mal que, dans les mesures disciplinaires qui ont été prises, ce n'est pas le souci de l'Université, mais le souci d'une politique exclusive et étroite qui vous a guidés. Ma démonstration est faite par des faits, et je défie qu'on la puisse détruire.

Mais ces incidents sont peu de chose à côté des graves préoccupations qui pèsent en ce moment-ci sur tous nos instituteurs. Tous nos instituteurs, jusque dans l'enceinte de l'école, jusque dans leur enseignement, ont à cette heure les plus graves sujets d'inquiétude au sujet de la politique générale. Ils ont beau s'enfermer dans leur métier, ils ont été créés par une conception politique déterminée, ils sont nés avec elle, ils ont été créés par elle et ils peuvent être menacés de disparaître avec elle. Dans la mesure où notre législation scolaire de laïcité est menacée, soit dans ses dispositions, soit dans son esprit, tous nos instituteurs sont menacés en même temps. Tant que le régime républicain a oscillé de M. Jules Ferry à M. Clémenceau, ils ne pouvaient concevoir aucune inquiétude, car la laïcité de l'enseignement était un programme essentiel du parti radical, et quant à M. Ferry, non seulement il l'avait réalisée dans ses années d'action politique, mais il l'avait défendue jusqu'à la fin contre toutes les surprises, contre toutes les équivoques et contre tous les découragements. Et, dans un de ces derniers discours, il faisait dire à la République, à propos de nos lois scolaires de laïcité, le vers de Hugo :

C'est ma force et ma règle et mon pilier d'airain !

Le parti clérical, alors, et la droite monarchique, après des échecs multipliés, semblaient définitivement écartés du pouvoir et nos instituteurs laïques pouvaient se dire que les écoles républicaines étaient bâties sur le roc ; aujourd'hui ils commencent à s'effrayer des approches très habilement conduites qui sont dirigées contre nos institutions scolaires et qui viennent de se découvrir soudain avec une singulière audace.

Je demande à la Chambre la permission de lui en donner la preuve par la lecture d'un document singulièrement significatif. C'est le cardinal Rampolla qui, au nom du pape, à une date tout à fait récente, le 9 janvier 1895, écrit au directeur du journal la *Vérité* les lignes suivantes que les instituteurs peuvent lire dans tous les journaux de France :

« Le Saint-Père, ainsi que de nombreux documents ont permis de le faire comprendre, en demandant aux catholiques français de se placer sur le terrain constitutionnel et d'accepter loyalement le gouvernement constitué, a entendu que par ce moyen les catholiques travaillassent, d'accord, à l'amélioration de ce gouvernement, et, à mesure que croîtrait leur influence dans la direction de la chose publique, qu'ils réussissent à empêcher de nouvelles offenses à la religion, à corriger progressivement les lois existantes, injustes et hostiles.

« Ce programme, vu la difficulté de la situation, réclamait une action assidue, patiente, confiante, analogue à cette sollicitude et à cet ensemble de ménagements discrets qu'on a coutume d'observer pour procurer la guérison d'un malade. »

Or, en me bornant à la question politique, par la lecture de la *Vérité* et par l'esprit qui l'inspire, on a pu constater que, nonobstant la persuasion où elle est de seconder les vues du saint-siège, elle se trouve avec lui en désaccord. En effet, ses articles sont faits plutôt pour exciter les esprits contre la République, bien qu'elle accepte le fait constitutionnel : dans l'esprit des lecteurs, ils nourrissent la conviction que vainement on attendrait la paix religieuse d'une telle forme de gouvernement, et souvent ils présentent les choses de façon qu'ils donnent à penser que la situation s'aggrave au lieu de s'améliorer.

La *Vérité*, par là, crée, d'une part, une atmosphère de méfiance et de découragement, et, d'autre part, elle contrecarre et traverse ce mouvement concordant des volontés, désiré par le saint-siège surtout en vue des nouvelles élections.

Monsieur le président du conseil, je n'ai aucune envie de passionner ce débat. Nous sommes, depuis la nouvelle présidence de la République, dans une période de détente relative ; contre le Gouvernement qui ne nous combat pas encore, nous n'avons aucune intention agressive. Il a eu le bon sens de comprendre la nécessité absolue, nationale et parlementaire, de l'amnistie ; il s'est résigné d'assez bonne grâce aux pouvoirs d'enquête que lui demandait la commission parlementaire du travail...

M. le président du conseil. Ce n'est pas de la résignation.

M. Jaurès. — Eh bien ! je dirai mieux : c'est de l'enthousiasme ; et cela ne fera que confirmer ma démonstration.

Je dis que vous avez perdu envers nous ce ton de brutalité que d'autres prenaient pour de la force. Et, pour ma part, je crois qu'il ne faudra renoncer à l'habitude qui m'était presque devenue douce, d'être assisté, pour le compte-rendu de mon mandat, dans la plus petite de mes communes rurales par toute la police et la gendarmerie du département.

Il n'y a pas entre nous de paix ; il ne peut pas, il ne doit pas y avoir entre nous de paix parce que nous n'avons pas la même conception sociale ; mais il y a une sorte de trêve inévitable dans la longue crise de transformation sociale que traverse notre pays et qui lui réserve d'autres combats.

Je n'ai donc pas l'intention, je le répète, de passionner la discussion aujourd'hui. Mais, quels que soient les accidents et les aspects de la politique, qu'elle soit bruyante et guerroyante comme elle l'était, il y a quelques semaines, ou tranquille à la surface, comme elle est aujourd'hui, toujours les grandes questions posées se développent et la logique des choses suit son chemin.

Eh bien ! pour que la papauté puisse tenir publiquement en France le langage qu'elle a tenu, pour qu'elle puisse diriger la tactique des mouvements des catholiques contre nos institutions scolaires en vue des élections prochaines, sans que le représentant du Gouvernement au Vatican ait fait entendre la plus timide des protestations, il faut qu'il y ait eu déjà bien des concessions et bien des déviations de la politique républicaine.

Jamais la papauté n'avait signifié aussi clairement qu'elle espère la ruine prochaine de nos institutions de laïcité : jamais elle n'avait signifié au parti républicain tout entier, avec une stratégie aussi hautaine, la date et le terrain du combat, et les instituteurs ont le droit de se demander s'ils ne sont pas l'enjeu de ce combat; ils ont d'autant plus le droit d'être préoccupés et inquiets, qu'ils sentent bien qu'ils ne sont pas menacés par une combinaison restreinte et une tactique éphémère ; mais partout, depuis que le prolétariat a commencé à s'organiser, partout la papauté reprend la direction des classes dirigeantes, en leur offrant son concours contre le socialisme.

De l'autre côté du Rhin, c'est le centre catholique qui pour la première fois vote des lois de répression et se rallie au système gouvernemental, moyennant des concessions dans la législation des jésuites. De l'autre côté des Alpes, vous voyez Crispi chercher par quelle combinaison il pourra grouper autour de lui pour une œuvre de résistance les suffrages catholiques jusqu'ici neutralisés : les vieux diables menacés de l'orage rôdent autour du sanctuaire pour y trouver un abri.

Et les instituteurs se demandent s'ils ne seront pas sacrifiés au moins pour un temps à cette universelle réaction cléricale et capitaliste.

Et pour préparer cette faillite scolaire de la République, on essaye de discréditer notre enseignement laïque jusque dans sa source même qui est la science.

On parle beaucoup depuis quelque temps de la banqueroute de la science et on nous adresse à un banquier qui, lui, ne fait jamais faillite, parce que ses traites, étant tirées sur l'invisible et l'invérifiable, ne sont jamais protestées. Mais ce qu'il y a de grave, c'est que des républicains gouvernementaux font publiquement écho à ces paroles.

L'auteur d'un des manuels jadis excommuniés avec fracas se demandait récemment, dans une cérémonie scolaire, s'il ne faudrait pas bientôt faire appel contre le désordre croissant des esprits aux forces morales de l'Église. Et l'illustre orateur qui préside l'autre Assemblée, dans une de ces oraisons funèbres généralement bienveillantes qu'il accorde à ses collègues disparus, se demande si M. Jean Macé, avec sa ligue de l'enseignement, avec son œuvre laïque et républicaine, n'a pas poursuivi l'objet le plus décevant.

Et pendant que la papauté se prépare à investir ainsi nos institutions scolaires, pendant que des républicains fatigués se préparent à les lui livrer, voici que des hommes passionnés pour notre enseignement public et laïque, des hommes qui en désirent passionnément le maintien et le progrès, comme votre honorable inspecteur général M. Félix Pécaut dans un très beau rapport récent, constatent que l'école républicaine n'a pas encore donné tout ce que l'on attendait d'elle, que l'enseignement civique n'y est guère qu'une sèche nomenclature des articles de la Constitution, l'enseignement moral qu'une collection de préceptes ou enfantins ou platement utilitaires ou incohérents, qu'il manque, selon le mot même de M. Félix Pécaut, « de chaleur rayonnante », qu'il ne crée pas dans l'âme de l'enfant un foyer durable et ne lui donne pas une impulsion vigoureuse et une haute direction pour l'ensemble de la vie.

Eh bien ! messieurs, il ne faut pas essayer de se dissimuler la vérité, il faut, au contraire, chercher les causes de la crise que nous traversons.

Laisserons-nous notre enseignement laïque sous l'influence cléricale renaissante, sous le découragement et la défection de certains républicains aller ainsi à la désirer, affaibli, d'ailleurs, je le reconnais, par l'insuffisance de sa philosophie et par la médiocrité générale de son enseignement moral à l'heure présente?

Eh bien, non ! il faut chercher courageusement les causes de cette crise passagère, il faut chercher et parer énergiquement au péril.

Et d'abord nous écarterons résolument ces docteurs retour de Rome qui nous prêchent le renoncement à la science et à la raison, la docilité systématique, le silence prudent et respectueux.

En ce qui me concerne je n'ai aucun parti pris d'offense ou de dédain envers les grandes aspirations religieuses qui, sous la diversité des mythes, des symboles et des dogmes, ont soulevé l'esprit humain. Je ne m'enferme pas non plus, comme beaucoup de mes aînés dans la République, dans ce positivisme étriqué de Littré, qui n'est qu'une réduction médiocre du grand positivisme mystique d'Auguste Comte; je comprends les impatiences et les ivresses de pensée des générations nouvelles qui cherchent, par les grandes philosophies de Spinosa et de Hegel, à concilier la conception naturaliste et la conception idéaliste du monde; et si je ne souscris pas à ce spiritualisme enfantin et gouvernemental que Cousin, dans sa deuxième manière, avait imposé un moment à l'Université, je n'accepte pas davantage comme une sorte d'évangile définitif ce matérialisme superficiel qui prétend tout expliquer par cette suprême inconnue qui s'appelle la matière; je crois, messieurs, que quelques explications mécanistes n'épuisent pas le sens de l'univers et que le réseau des formules algébriques et des théorèmes abstraits que nous jetons sur le monde laisse passer la réalité comme les mailles du filet laissent passer le fleuve.

Je n'ai jamais cru que les grandes religions humaines fussent l'œuvre d'un calcul ou du charlatanisme; elles ont été à coup sûr exploitées dans leur développement par les classes et par les castes; mais elles sont sorties du fond même de l'humanité, et non seulement elles ont été une phase nécessaire du progrès humain, mais elles restent encore aujourd'hui comme un document incomparable de la nature humaine et elles contiennent, à mon sens, dans leurs aspirations confuses des pressentiments prodigieux et des appels à l'avenir qui seront peut-être entendus.

Voilà, à mon sens, dans quel esprit, qui n'est pas l'esprit nouveau, mais l'esprit de la science elle-même depuis un siècle, voilà dans quel esprit doit être abordé par la démocratie le problème du monde et de l'histoire qui domine le problème de l'éducation.

Mais ce qu'il faut sauvegarder avant tout, ce qui est le bien inestimable conquis par l'homme à travers tous les préjugés, toutes les souffrances et tous les combats, c'est cette idée qu'il n'y a pas de vérité sacrée, c'est-à-dire interdite à la pleine investigation de l'homme; c'est ce qu'il y a de plus grand dans le monde c'est la liberté souveraine de l'esprit; c'est qu'aucune puissance ou intérieure ou extérieure, aucun pouvoir et aucun dogme ne doit limiter le perpétuel effort et la perpétuelle recherche de la race humaine; c'est que l'humanité dans l'univers est une grande commission d'enquête dont aucune intervention gouvernementale, aucune intrigue céleste ou terrestre ne doit jamais restreindre ou fausser les opérations; c'est que toute vérité qui ne vient pas de nous est un mensonge; c'est que jusque dans les adhésions que nous donnons, notre sens critique doit rester toujours en éveil et qu'une révolte secrète doit se mêler à toutes nos affirmations et à toutes nos pensées : c'est que si l'idée même de Dieu prenait une forme palpable, si Dieu lui-même se dressait, visible, sur les multitudes, le premier devoir de l'homme serait de refuser l'obéissance et de le traiter comme l'égal avec qui l'on discute, mais non comme le maître que l'on subit.

Voilà ce qui est le sens et la grandeur et la beauté de notre enseignement laïque dans son principe, et bien étranges sont ceux qui viennent demander à la raison d'abdiquer sous prétexte qu'elle n'a pas ou qu'elle n'aura même jamais la vérité totale ; bien étranges ceux qui, sous prétexte que notre démarche est incertaine et trébuchante, veulent nous paralyser, nous jeter dans la pleine nuit par désespoir de n'avoir pas la pleine clarté.

Mais ce qui condamne surtout les non-croyants, c'est qu'ils ne sont pas des croyants. Ce qui condamne la combinaison par laquelle une partie de la bourgeoisie effrayée voudrait ramener le pays à l'antique foi, c'est-à-dire à l'antique docilité, c'est que cette foi elle-même fait défaut à ceux qui la voudraient rétablir chez les autres. Ils sentent très bien qu'ils ne peuvent rendre ni à eux-mêmes ni aux classes dirigeantes la sincérité de la croyance ; ils se bornent à dire : Nous avons trop parlé, taisons-nous. Si nous ne pouvons plus croire, pour les foules au moins faisons semblant.

Il est trop tard, et on ne trompera plus personne. Si une partie de la bourgeoisie, pour sauver ses privilèges, se ralliait autour du Vatican, essayait de s'abriter sous le voile hypocrite d'une religion contrefaite, elle ne retarderait pas d'une minute sa disparition : elle aurait seulement déshonoré son agonie.

Seulement, nous pouvons juger d'avance, nous pouvons pressentir à coup sûr, ce que serait demain notre enseignement public sous la discipline cléricale restaurée et sous cette douce médication papale dont M. d'Hulst nous donnait tout à l'heure une application particulièrement atténuée.

Oui, on n'essayerait pas d'obtenir du peuple, ni de ses maîtres, ni de ses enfants, une foi intime, profonde, mais on surveillerait toutes les libertés et tous les mouvements de l'esprit ; on exigerait des maîtres des apparences trompeuses, on fausserait toutes les paroles, toutes les attitudes et on essayerait ce crime : inoculer au peuple naissant l'hypocrisie religieuse de la bourgeoisie finissante.

Quel est le remède ? Comment échapperons-nous à ce péril ? Il n'y a qu'un moyen pour vous, messieurs, c'est d'appliquer non pas peut-être, si vous le voulez bien, avec toutes nos formules finales, mais du moins avec l'esprit qui est en nous ce que vous me permettez d'appeler la politique socialiste. Car vous seriez bien étonnés si cette doctrine à laquelle nous avons donné toutes nos forces n'était pas liée pour nous d'une manière intime à cette question décisive de l'enseignement public.

Eh bien ! messieurs, je dis que d'abord en pratiquant hardiment cette politique socialiste, vous grouperez autour de la République, autour de l'œuvre républicaine et laïque déjà accomplie, ces volontés populaires qui seules vous permettront de faire équilibre à cette puissance patiente et organisée qui s'appelle l'Église.

En second lieu, à mesure que vous accomplirez ces réformes sociales profondes, vous acclimaterez à un ordre nouveau cette partie flottante de la bourgeoisie, qui n'a pas des intérêts de classe compacts ou qui a une générosité supérieure à ces intérêts, et vous diminuerez ainsi tout au moins ces terreurs funestes qui multiplient les chances de réaction ; et enfin, messieurs, vous permettrez par là à notre enseignement laïque d'avoir toute la hauteur et toute l'efficacité qu'il ne peut pas avoir aujourd'hui. Et pourquoi ne peut-il pas l'avoir ? Pourquoi, malgré le zèle des maîtres, malgré leur dévouement et leur culture, l'enseignement moral qui résulte de tout l'ensemble de notre enseignement primaire n'a-t-il pas la hauteur ni l'efficacité qui conviennent ? Parce qu'on ne peut enseigner une morale, j'entends une direction générale et supérieure de la vie, sans un point d'appui dans la réalité contemporaine.

Dans la forme de société qui a précédé la nôtre, il y avait au moins concordance entre les idées et les faits, entre les choses et les mots ; il y avait une hiérarchie sociale comme il y avait une hiérarchie religieuse correspondante. Il y avait une résignation sociale et une résignation religieuse ; il y avait une échelle de la création, au sommet de laquelle étaient les puissances supérieures et Dieu, comme il y avait une échelle de la société, au sommet de laquelle étaient le noble, le prêtre et le roi, et il n'y avait ni tromperie ni équivoque : le serf savait qu'il était devant Dieu l'égal du noble ; mais il savait aussi que, de par l'ordre du même Dieu, tant qu'il serait sur la terre, il serait un serf. Il n'y avait aucune hypocrisie sociale, et le dédain qu'on éprouvait pour les petits, on commençait par le leur inspirer à eux-mêmes.

Ce qui, au contraire, caractérise la société présente, ce qui fait qu'elle est incapable à jamais de s'enseigner elle-même et de se formuler elle-même en une règle morale, c'est qu'il y a partout en elle une contradiction essentielle entre les faits et les paroles. Aujourd'hui, il n'y a pas une seule grande parole qui ait son sens vrai, plein et loyal : fraternité, et le combat est partout ; égalité et toutes les disproportions vont s'amplifiant ; liberté, et les faibles sont livrés à tous les jeux de la force ; propriété, c'est-à-dire rapport étroit et personnel de l'homme et de la chose, de l'homme et d'une portion de la nature transformée par lui, utilisée par lui, et voilà que la propriété devient de plus en plus une fiction monstrueuse qui livre à quelques hommes des forces naturelles dont ils ne savent même pas la loi, et des forces humaines dont ils ne savent même pas le nom !

Oui, partout le creux, l'hypocrisie des paroles. Il y a plus d'un siècle, Diderot pressentait ces faussetés prochaines, lorsqu'il disait dans une de ses pensées révolutionnaires : « Avoir des esclaves n'est rien ; mais ce qui est intolérable, c'est d'avoir des esclaves en les appelant des citoyens ! »

Il n'y a jamais eu une société aussi audacieusement ironique que la nôtre, et l'ironie — j'en demande bien pardon à M. Barrès — ne peut pas être un principe universel d'éducation. Méphistophélès ne peut pas recommencer pour tous les écoliers de France la haute leçon ironique qu'il donnait au jeune étudiant naïf de l'œuvre de Goethe.

Et alors, que voulez-vous que fassent vos maîtres aujourd'hui, pris entre les mots et les choses ? S'ils prennent les mots au sérieux, ils ne sont que des badauds, proie facile pour l'Église ; et s'ils prennent les choses au sérieux, ils deviennent des révolutionnaires, ils échappent à votre discipline étroite. Et il n'y a plus alors qu'une solution et qu'une issue possible : c'est qu'avec eux et par eux, comme par toute la démocratie organisée, vous rapprochiez notre ordre social de l'heure où ces formules, aujourd'hui menteuses, seront devenues des vérités ; car c'est seulement alors qu'il pourra y avoir un enseignement moral s'appuyant sur la réalité elle-même.

Or, aujourd'hui, le seul moyen pour les maîtres d'enseigner cette haute morale dont je parle, c'est d'être libres de pressentir, de prévoir, de préparer cet état social nouveau.

Et savez-vous pourquoi j'ai déploré les mesures de rigueur et de défiance dont ont été l'objet certains instituteurs suspects de sympathies socialistes ? C'est parce que, si vous persévériez dans cette voie, vous rendriez impossible tout enseignement ardent et vivant dans les écoles du peuple, vous prépareriez une sorte de divorce moral profond entre le peuple ouvrier et ses maîtres : c'est alors vous qui, en déconsidérant, en stérilisant l'école laïque, l'auriez livrée à la tactique pontificale.

Je conclus en disant que c'est au contraire par l'affirmation d'une politique générale énergique que vous sauveriez du découragement et de la crise qui le menace notre enseignement public.

M. de Lanjuinais disait tout à l'heure qu'on avait dépensé, gaspillé même des millions ; et M. de Lasteyrie paraissait dire qu'on était allé bien loin, bien loin ! Mais vous êtes à peine au commencement de l'enseignement du peuple ! Est-ce que vous ne savez pas que même votre loi de l'obligation n'est et ne peut être encore qu'une fiction ?

Vous savez bien — et je l'ai moi-même vérifié plus d'une fois dans nos écoles toulousaines — qu'il y a d'innombrables familles dans les faubourgs des grandes cités qui ont besoin de leurs enfants avant treize, douze et même onze ans, et qu'on est obligé de fermer les yeux.

Vous savez bien qu'il en est beaucoup qui ne peuvent même plus procurer aux enfants les fournitures scolaires. Il y a de ce côté un nouvel effort budgétaire à tenter ; il faut que vous organisiez tout un système d'assistance scolaire pour les familles les plus nécessiteuses, afin que la misère du père ne se prolonge pas en ignorance pour les enfants. Il faut que vous organisiez des institutions mettant facilement les moyens de travail et d'éducation au service des enfants pauvres. Il faut que vous fassiez comprendre aux instituteurs qu'ils n'ont plus rien à craindre du passé, qu'ils sont à l'abri de toute inquisition, de toute terreur capitaliste et de toute réaction religieuse.

Et alors ils oseront formuler devant les enfants du peuple la grande synthèse philosophique et scientifique qui résume le travail de notre temps ; il faut que vous priiez vos professeurs de philosophie dans vos lycées d'aller dans vos écoles normales d'instituteurs et dans vos écoles primaires elles-mêmes poser, sous une forme familière et simple, les grands problèmes de la science et de la vie.

J'en ai fait moi-même l'épreuve. Il est facile de dire : c'est une chimère, c'est une utopie. Eh bien ! je vous affirme que jamais je n'ai vu dans nos écoles les enfants les plus jeunes plus profondément remués que lorsqu'on posait de bonne foi devant eux les grands problèmes de la science et de la vie. Mais pour cela il ne faut pas que les maîtres se sentent minés en dessous au moment où ils accomplissent leur œuvre républicaine ; ils ont le droit de vous dire : « Faites-nous de bonne politique et nous vous ferons de bons écoliers. »

IMPRIMERIE E. MARCHAND, 69, RUE ROCHECHOUART, PARIS.